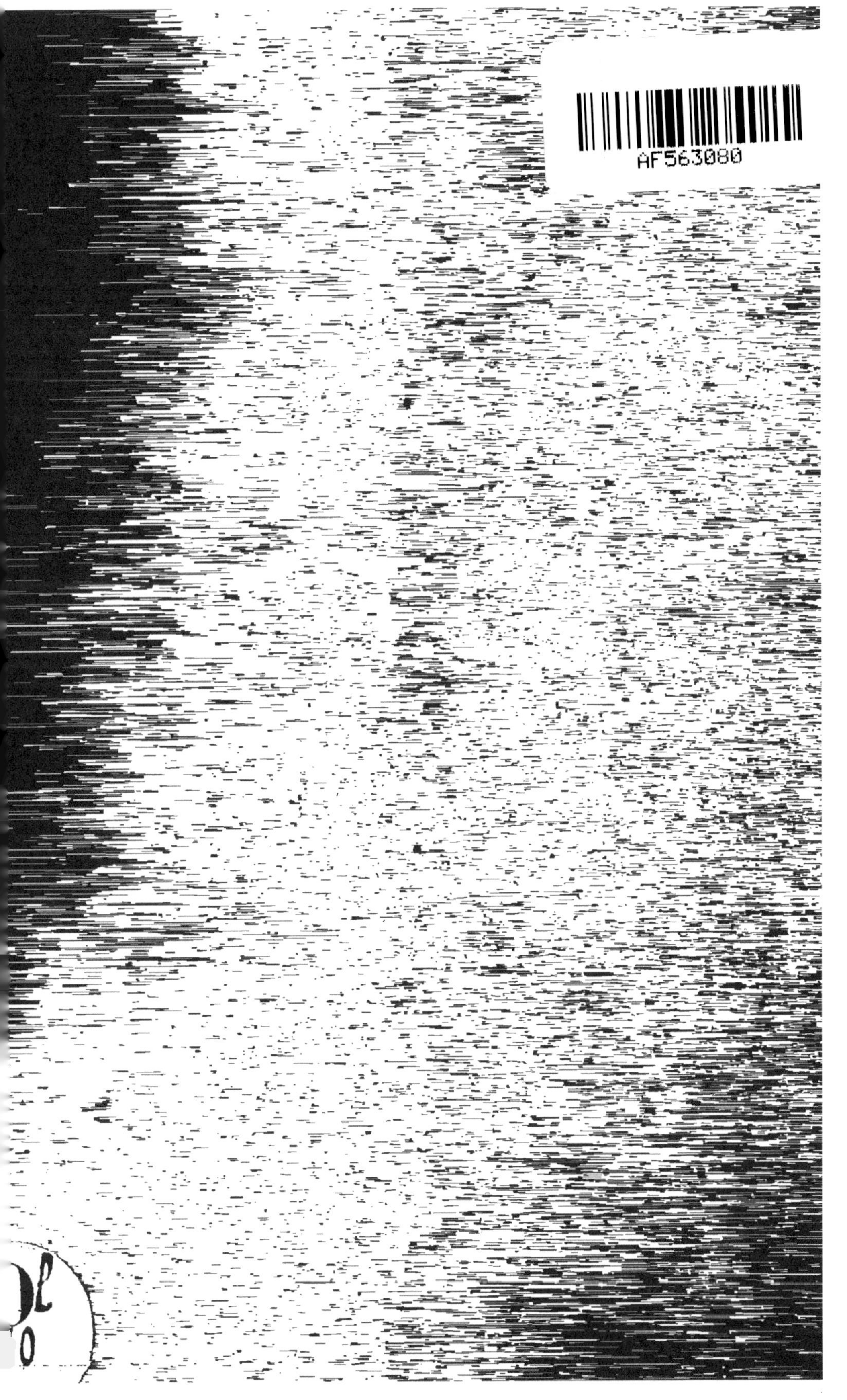

QUESTION DE CUBA.

QUESTION DE CUBA

PAR

M. MACIAS.

PARIS
IMPRIMERIE SERRIERE ET Cᵉ,
rue Montmartre, 131.

1851.

QUESTION DE CUBA.

Au moment où la question de Cuba s'agite en Europe par la voie de la presse et occupe tous les cercles politiques, chaque parti doit établir ses argumens de la manière la plus convenable aux intérêts qu'il défend. Il nous a donc paru opportun d'appeler l'attention publique sur l'article publié dans le *Globe* de Londres, le 27 du mois dernier.

Cet article éclaire suffisamment l'opinion sur deux points importans : le premier point, la tolérance accordée par le gouvernement des Etats-Unis aux meneurs des expéditions contre Cuba; le second point, le prétendu crime de ces expéditions elles-mêmes. Cependant, nous avons cru que quelques observations de notre part ne pourraient que fortifier cette démonstration du journal anglais; nous vous les adressons donc avec l'article sus-mentionné, en vous priant de nous faire la faveur de leur donner place dans les colonnes de votre estimable journal.

Si nous n'avons pas mal compris l'article du *Globe*, nous croyons que ce journal reconnaît :

1o Que l'expédition formée par le général Lopez, aux Etats-Unis, dans le but de renverser le gouvernement monarchique de Cuba, n'a qu'un défaut, c'est de n'avoir pas pris tout d'abord des développemens suffisans, circonstance que les auteurs de l'article regardent comme une question de temps seulement.

2o Que l'expédition espagnole qui partit de Barcelone contre l'Italie, pour soutenir un gouvernement inquisitorial contre un gouvernement républicain, reste obscure et ridicule faute d'actions brillantes qui l'eussent illustrée.

3o Qu'il est notoire que les vieilles monarchies se confèrent le droit et le privilége qu'elles dénient aux gouvernemens républicains, d'étendre leurs principes politiques comme elles le font elles-mêmes.

4o Qu'il faut avoir une morale bien élastique, pour se permettre d'anathématiser en Amérique ce qu'on sanctifie en Europe, et que s'il existe un « principe » qui puisse autoriser des expéditions absolutistes comme celle de l'Espagne contre l'Italie, le même « principe » doit autoriser les tentatives républicaines des gouvernemens d'Amérique.

Quant à l'expédition du général Lopez, nous confessons notre surprise du jugement qu'en ont porté les habiles directeurs du *Globe*, qui passent pour être dans la confidence de leur gouvernement, — ce qui fait supposer un titre quelconque pour la mériter.

Les éditeurs du *Globe* ne peuvent cependant ignorer que dans les expéditions du genre de celles du général Lopez, on n'a jamais tenu compte de leurs proportions pour apprécier leur mérite, et qu'elles ont toujours été jugées dignes d'occuper une place distinguée dans les pages de l'histoire. Témoin celles du général Miranda, du colonel Mina, etc., etc., relatées avec respect dans les pages de l'histoire de la Colombie, du Mexique, etc., etc. Les expéditions de Miranda eurent pour objet de libérer la Colombie, et celles de Mina le Mexique. Celles du premier consistaient en un nombre d'hommes égal à celui que comptait le général Lopez, et la seconde en un nombre bien inférieur.

Toutes deux s'organisèrent en pays étrangers et en partirent pour leur destination. Mina mourut sans avoir quitté la terre ferme, et Miranda mourut également après une retraite forcée, lors de sa troisième tentative. Les expéditions de ces héros avortèrent devant les efforts de leurs ennemis, et ils finirent par succomber glorieusement eux-mêmes; mais la Colombie et le Mexique secouèrent le joug ignominieux qui les déshonorait, et acquirent le nom de nations libres!

Ces exemples devraient suffire.

Mais nous désirons rappeler aux éditeurs du *Globe* qu'en outre de la sanction européenne, la seconde expédition du général Miranda obtint généralement et spécialement celle de la nation anglaise et l'appui moral et matériel des autorités et des sujets britanniques. Voilà des faits certains. Pourquoi donc le *Globe* voudrait-il que l'expédition du général Lopez, analogue à celles de Miranda et de Mina, n'obtînt pas la même place qu'elles dans l'admiration de l'histoire?

Ce qui précède suffit donc pour que le petit nombre d'individus qui, en Europe, se trouvent dans la nécessité d'étudier la question de Cuba puissent juger de l'expédition du général Lopez ; mais il n'en est pas de même pour la généralité de ceux qui s'y intéressent, et, à l'adresse de ceux-ci, nous ajouterons une courte observation. Cette observation, la voici :

Il y a des circonstances qui ajoutent aux expéditions de Lopez un mérite particulier. Les expéditions de Miranda et de Mina furent conçues sans accord préalable avec les habitans des pays où ils comptaient les diriger ; tandis que celles de Lopez, au contraire, eurent pour point de départ la ville de Cienfuegos, située au centre même de l'île de Cuba, c'est-à-dire du pays même qu'elles avaient pour but de délivrer ; elles furent projetées par des habitans distingués de l'île, associés au général Lopez : ce fait est authentique ; il est attesté par le procès judiciaire qui fut intenté, devant les tribunaux de la Havane, à Lopez, à Sanchez Isnaga, etc., et par les sentences rendues en cette ville, à la suite de ce procès, contre Lopez, Sanchez et près de cinquante autres citoyens, insurgés contre le gouvernement espagnol de Cuba.

Les persécutions, le second procès et les condamnations publiées à la Havane contre les Cubains qui se trouvaient dans le pays et au dehors, par suite de l'expédition que firent le général Lopez, Sanchez Isnaga, Macias, etc., etc., contre Cardenas, prouvent d'une manière non moins authentique que ce général et quelques-uns de ses principaux compagnons, passés de Cuba aux États-Unis, conservèrent le fil de leurs relations avec les habitans de l'île, et que la conspiration changea seulement de théâtre, mais conserva les mêmes acteurs, qui agissaient d'accord, ceux-ci retirés aux États-Unis, ceux-là restés à Cuba.

Les derniers soulèvemens de Port-au-Prince, de Trinidad, etc., les persécutions exercées par le gouvernement espagnol, en même temps que Lopez organisait son expédition de Playitas et partait avec elle, établissent également que dans celle-ci, comme dans celle de Cardepas, entrèrent les mêmes citoyens qui tramèrent la conspiration de Cienfuegos. Ceux qui résidaient aux Etats-Unis, comme ceux qui se trouvaient à Cuba, prirent part à cette dernière expédition, dont Lopez conduisit l'avant-garde à Playitas.

Nous sommes d'accord avec les éditeurs du *Globe* sur cette seconde observation de leur article, que, sur le grand théâtre politique de l'Europe, les spectateurs jugent du caractère moral des entreprises militaires suivant les exploits auxquelles elles donnent lieu, bien plus que par leur valeur morale intrinsèque.

Nous sommes également d'accord sur la troisième déduction du journal anglais : à l'appui de cette déduction, il y a l'exemple de la monarchie espagnole conduisant ses armées sans y être invitée, dans un pays ami, pour y soutenir le système du gouvernement despotique et inquisitorial ; il y a aussi l'exemple de la France « monarchique » envoyant ses soldats en Espagne pour renverser le gouvernement constitutionnel et y substituer de même l'absolutisme inquisitorial.

Nous ne pouvons nous empêcher d'interrompre ici le cours de nos observations pour faire place à une idée qui nous vient : Que diraient la France et les vieilles monarchies si *Frère Jonathan* (l'Union américaine) et ses pirates américains venaient en France dans le but de détruire la République et de rétablir la forme monarchique? Et qu'aurait dit la France, en 1848, si ce même *Frère Jonathan* avec ses aventuriers avaient débarqué en Irlande pour y étouffer le mouvement d'indépendance et soutenir le gouvernement monarchique?

La quatrième déduction du journal anglais s'appuie sur un principe de morale ; c'est un principe reconnu dans tous les pays civilisés, et il est impossible d'y rien ajouter qui augmente ou diminue sa force et sa valeur ; mais on en fait abus, ainsi que le démontre en Europe la pratique des interventions à main armée comme celles que nous avons citées, et les levées d'armes pour faire la guerre à des peuples amis. Parlerons-nous des expéditions qui partirent d'Angleterre contre l'Espagne, et de celle qui s'est dernièrement organisée à Berlin, capitale du royaume de Prusse, pour envahir les possessions du Danemark ?

Après toutes ces expéditions, de quel droit condamne-t-on hautement le gouvernement des Etats-Unis ? De quel droit l'accuse-t-on de ne pas avoir empêché le général Lopez de lever un corps d'expédition ?

Cet article excède déjà les limites que nous nous étions posées. Encore un mot, cependant, et nous nous appuyons ici sur l'opinion de la généralité dés hommes d'Etat de tous les pays et de tous ceux qui, par un motif quelconque, s'occupent d'affaires politiques. Le jour n'est pas loin où, par le cours naturel des événemens, l'île de Cuba doit devenir indépendante ou s'incorporer à la grande confédération américaine. De l'avis de tout le monde, la question de Cuba a beaucoup avancé en ces derniers mois, et nous approchons du dénoûment.

On est également d'accord sur ceci que tant que la question restera au point de maturité où elle est, il y aura imminence d'un conflit entre l'Espagne et les Etats-Unis, conflit qui affecterait également les relations des autres puissances dans les deux hémisphères et interromprait par conséquent la paix et la bonne harmonie dont jouissent aujourd'hui les peuples et les gouvernemens du vieux et du nouveau mondes. Si cette opinion est fondée, comme nous le croyons, ne serait-il pas sage de couper court, dès aujourd'hui, à toutes ces difficultés qui peuvent, d'un jour à l'autre, compromettre la paix du monde, en tranchant la question par des moyens efficaces et *décisifs ?*

Au lieu de suivre, comme on le fait, cette politique de palliatifs qui ne sert qu'à ajourner une solution inévitable, à prolonger une situation désastreuse, et à rendre de moins en moins probable un dénoûment pacifique, l'énergie, ici, ne serait-elle pas plus sage? C'est notre sincère conviction. Il n'y a plus, pour Cuba, que deux solutions possibles : où l'indépendance, ou l'annexion à la grande confédération des Etats-Unis. Nous croyons cependant que, si les Etats-Unis s'opposent de tout leur pouvoir à ce que Cuba passe en d'autres mains que les leurs, ils ne s'opposeront pas à ce qu'elle devienne une nation indépendante. La Confédération n'a aucun moyen d'empêcher que le peuple des Etats-Unis ne s'emploie et ne travaille à acquérir la possession de cette île ; pas plus que l'Espagne ne peut empêcher les habitans de Cuba, unis aux Américains, de conspirer dans les deux pays pour l'émancipation nationale. Chaque jour augmentera le danger du conflit qui menace les Etats-Unis et l'Espagne.

Par conséquent, la meilleure solution, à notre avis, celle qui convient le mieux à la généralité des puissances et particulièrement à l'Angleterre, à la France, aux Etats-Unis, à l'Espagne et à Cuba, — c'est que cette île soit indépendante. C'est par l'indépendance qu'elle pourrait déployer ses moyens infinis d'accroissement à la satisfaction générale ; ce serait en même temps la meilleure garantie pour les relations établies entre le nouveau et le vieux mondes, qui, dans l'état actuel, menacent d'être compromises à chaque instant. Cuba occuperait ainsi la place que la nature lui a destinée, et qu'elle prendra tôt ou tard.

23 septembre 1851.

P. S. Lopez a cessé d'exister ! La mort qu'il a reçue dans sa tentative de délivrer Cuba est glorieuse; son sang, versé avec celui de ses héroïques compagnons sur le sol de cette malheureuse île, produira, pour la cause de la liberté du pays, les mêmes germes que le sang répandu dans tous les temps et dans tous les pays par les illustres défenseurs des droits de la patrie !

Un malheureux retard de quelques jours dans l'arrivée de l'expédition de Lopez à Cuba, a causé la perte de l'illustre Camaguéyanais Aguero-Aguero à Port-au-Prince, et, par contre, le découragement et la dispersion du corps d'Armenteros à Trinidad. Ces deux causes réunies ont suffi pour terrifier un peuple opprimé par une force puissante, un peuple désarmé et novice encore dans les crises révolutionnaires. De là la déroute et la destruction de Lopez et de la poignée de braves qui l'accompagnaient; tous tombés bravement à côté de 1,500 cadavres ennemis !

L'Espagne, en voyant ce que peuvent 450 citoyens libres, comprendra-t-elle ce que pourraient faire des forces trois fois plus considérables? Non. Elle ferme les yeux à la vérité et à la raison. Nous ne doutons pas cependant qu'en Amérique et en Europe, cet événement ne fasse une grande sensation. La mort de Lopez ne résout ni ne change la question de Cuba. La cause survit tout entière à ceux qui ont succombé pour elle. Ce désastre n'est qu'un temps d'arrêt.

M. MACIAS.

Voici maintenant l'article du journal anglais le ***Globe***, du 27 août :

« La loi internationale, telle qu'elle est pratiquée, ressemble, depuis un temps immémorial, à une sanglante comédie. Ce qui se passe en ce moment à Cuba est la confirmation du principe général de ce code. Dans leur appréciation collective, les hommes se sont toujours montrés moins sensibles à la violation de droits évidens, mais généraux, qu'a la violation des droits individuels ; c'est ainsi qu'un meurtre ou un vol, dont le récit semblerait atroce dans le *Calendrier de Newgate*, n'ajouterait rien aux annales criminelles d'une nation, s'il atteignait jusqu'aux proportions d'un événement historique.

» La tentative de quelques Américains pour révolutionner une île appartenant à l'Espagne, ou pour la porter à s'annexer à l'Union, n'a pas encore atteint assez d'importance pour sortir de la catégorie des larcins ordinaires, et prendre rang parmi les faits historiques ; mais nous craignons que ceci ne soit, après tout, qu'une question de temps. Si le Mexique, après une série de semblables tâtonnemens préliminaires, a vu une si énorme portion de son territoire engloutie d'une bouchée par la voracité de JONATHAN (l'Union américaine), nous ne pouvons écarter certains pressentimens sur la destinée future d'un morceau aussi tentant que Cuba; et, bien qu'il ait été déclaré impossible d'ajouter une seule coudée à sa stature, nous ne voyons rien d'improbable à un développement de cette espèce, en ce qui concerne la grande Union atlantique.

» Nous reconnaissons que la diplomatie espagnole s'est honorablement empressée de faire connaître les bons offices qu'elle attendait du gouvernement français aussi bien que du nôtre, c'est-à-dire des deux seuls grands pouvoirs de l'Europe pouvant exercer une sérieuse influence sur cette question. Nous ne pouvons douter que la France ne professe les sentimens qui animent notre cabinet et celui de Washington dans la circonstance présente ; mais, tandis que nous admettons pleinement les légitimes réclamations de la Péninsule au sujet de sa dernière propriété dans l'hémisphère occidental, nous ne pouvons laisser passer cette occasion si opportune de répéter de nouveau ce que nous avons si souvent fait remarquer avec regret, à savoir, la trop grande facilité avec laquelle les vieilles monarchies de l'Europe adoptent en pratique et permettent les tentatives de piraterie devenues si offensives.

» Lorsque l'Espagne sollicite notre sympathie relativement à l'invasion du territoire de ses possessions par le général Lopez, sur divers bâtimens à vapeur de la Nouvelle-Orléans, nous ne pouvons guère oublier qu'une expédition fit voile de Barcelone, il y a deux ans, et débarqua des troupes à Terracine, à l'embouchure du Tibre, avec tout aussi peu de provocation, et sous un prétexte tout aussi plausible que celui de l'incursion de la flotille libératrice des propagandistes américains.

» Ces derniers soutiennent qu'ils viennent sur l'invitation des Cubains; et, *en fait*, l'existence dans l'île d'une grande faction insurrectionniste, favorable à l'établissement d'institutions indépendantes, est indubitable ; mais aucune fraction semblable de la population romaine n'avait demandé l'entremise de l'Espagne : pas un village, pas une paroisse dans tout le territoire n'avait formulé le souhait d'une intervention armée de la part de Madrid ; et, *en fait*, les forces espagnoles avaient à peine effectué leur débarquement, lorsqu'elles furent obligées d'opérer leur retraite devant les habitans en armes.

» Il peut convenir aux personnes sentimentales de représenter comme une pieuse croisade en Europe le même procédé pour lequel elles ne trouvent pas de termes assez injurieux en Amérique. Mais s'il y avait un « principe » caché dans l'acte de piraterie de l'Espagne contre l'Italie, si des institutions inquisitoriales devaient être imposées par la force et contre la volonté d'un pays, en exécution de certaines persuasions théoriques de l'Espagne, les théories opposées, l'urgence d'étendre les bénéfices de l'indépendance, la liberté de conscience, la liberté de la presse, et, si cela était nécessaire, l'affranchissement des noirs, peuvent à coup sûr justifier et même sanctifier l'expédition des « boucaniers » contre Cuba.

» Cette île n'est connue de beaucoup de personnes que comme la source des produits de la Havane et d'un riche revenu pour l'Espagne, source inaccessible d'ailleurs aux créanciers de ce pays. Le monde n'a qu'une notion vague de ce que l'industrie native et l'énergie des premiers Espagnols qui y débarquèrent ont fait de cette contrée.

» Nous ouvrons le dernier ouvrage d'un voyageur qui en arrive récemment, et nous y trouvons (1), page 301 : « Le gouvernement de Cuba est ouvertement le despotisme militaire. » A la page 296 : « D'après la loi, les catholiques romains peuvent seuls habiter l'île. » A la page 295 : « Durant ma résidence, je n'ai pas vu un seul exemple d'*hommes* allant à l'église ; » et, par conséquent, « la Bible est rigoureusement prohibée à la douane. »

» L'Espagne possède cette colonie depuis quatre siècles, et pendant tout ce temps l'esprit humain y est resté stationnaire, dans ses plus étroites limites, jusqu'à ce qu'il se soit trouvé en contact avec l'élément anglo-saxon.

» Comme contraste à ce long état de sieste et de léthargie, nous citerons ici les îles Sandwich, dans l'Océan-Pacifique, qui, dans le court espace du temps de la vie d'un homme, sont arrivées à une condition sociale plus élevée que la civilisation actuelle de Cuba. Ainsi, un enfant de l'île d'Hawaü, qui a vu le capitaine Cook tomber, en 1778, sur le rivage, sous la sagaie de son père can-

---

(1) *Huit ans à Cuba*, par J. Glanville-Taylor (Bentley, 1851).

nibale, peut avoir été témoin, au mois de mai dernier, de l'ouverture d'un parlement naissant, et avoir entendu le discours royal.

» Nos journaux d'Honolulu sont du 31 mai.

» Les deux chambres du parlement ont été solennellement ouvertes par le roi en personne, le 6 mai, dans la grande église en pierre d'Honolulu. En parlant des relations des îles Sandwich avec la France, le roi dit que les relations diplomatiques n'ont pas été entièrement rétablies.

» Les relations amicales avec la Grande-Bretagne n'ont pas été interrompues, et elles continuent de la manière la plus satisfaisante avec les Etats-Unis.

» Après avoir parlé de certains traités et de divers autres sujets, le roi recommande un redoublement d'attention pour l'agriculture, pour les marchés de la Californie, de l'Orégon, l'île de Vancouver, etc., qui offrent un excellent débouché pour les produits des îles. Des règlemens sanitaires sont recommandés, dans la prévision d'un retour du choléra, dans les ports qui commercent avec les îles Sandwich, et l'on déclare que le revenu, bien que faible, est plus que suffisant pour les besoins du gouvernement, et laisse même un surplus pour l'accomplissement d'améliorations à l'intérieur.

» Le discours a été prononcé en langage hawaïen, et lu ensuite en anglais pour les ministres étrangers qui étaient présens.

» Et nous oserons ajouter que si les institutions politiques des insulaires du Sud sont si loin en avant des règlemens cubains, leur éducation morale et intellectuelle n'est pas moins supérieure aux connaissances et à la moralité de la colonie espagnole; il y a dans les îles Sandwich 441 écoles protestantes, avec 12,349 élèves, et 102 catholiques romaines, avec 2,359 élèves. Le chiffre total des écoles est de 543, et celui des élèves de 15,308. »

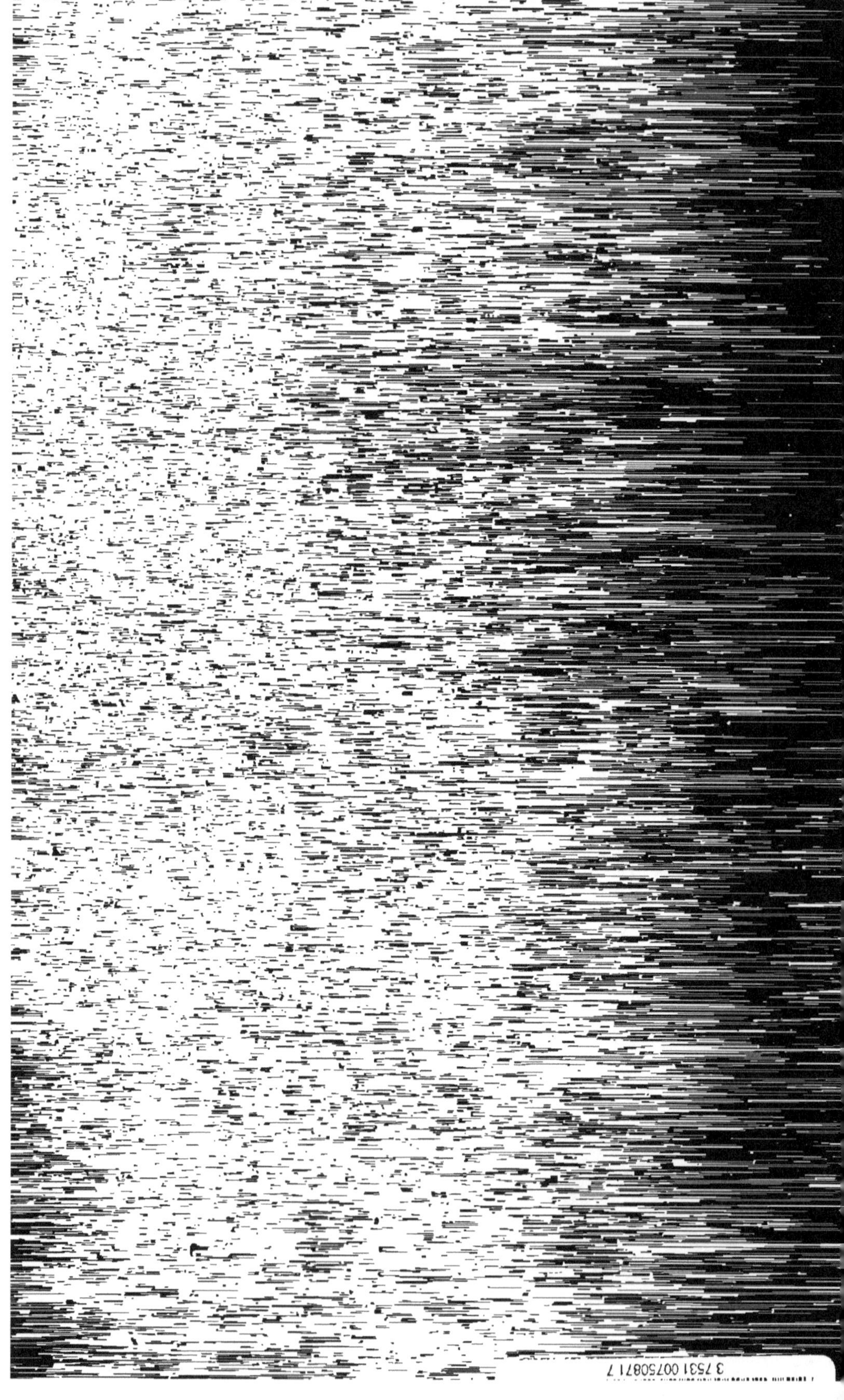

www.ingramcontent.com/pod-product-compliance
Lightning Source LLC
LaVergne TN
LVHW010311230826
846091LV00007B/3103
9782012398740